1911 Février 24

VENTE

Du Vendredi 24 Février 1911

HOTEL DROUOT, SALLE N° 11

A DEUX HEURES

OBJETS D'ART & D'AMEUBLEMENT

Faïences, Porcelaines, Objets de Vitrine

TABLEAUX ET GRAVURES

MEUBLES & SIÈGES

COMMISSAIRE-PRISEUR

Me ANDRÉ COUTURIER

EXPERT

M. GEORGES GUILLAUME

CATALOGUE

DES

OBJETS D'ART ET D'AMEUBLEMENT

ANCIENS ET MODERNES

FAIENCES ET PORCELAINES

Bronze, Cuivre, Métal, Bois, Étain, Verrerie

SCULPTURES — OBJETS DE VITRINE, ETC.

TABLEAUX ET GRAVURES

SUITE DE HUIT GRANDES TOILES DÉCORATIVES

DE L'ÉCOLE FLAMANDE DU XVIIIe SIÈCLE

MEUBLES ET SIÈGES

PIANOS

OBJETS VARIÉS

DONT LA VENTE AUX ENCHÈRES PUBLIQUES AURA LIEU

HOTEL DROUOT, SALLE N° 11

LE VENDREDI 24 FÉVRIER 1911

à deux heures

COMMISSAIRE-PRISEUR

Me ANDRÉ COUTURIER

Successeur de M. Léon TUAL

56, rue de la Victoire

EXPERT

M. GEORGES GUILLAUME

13, rue d'Aumale

PARIS

EXPOSITION PUBLIQUE

Le Jeudi 23 Février 1911, de 1 heure 1/2 à 5 heures 1/2

CONDITIONS DE LA VENTE

Elle sera faite au comptant.

Les adjudicataires paieront *dix pour cent* en sus des enchères.

L'exposition mettant le public à même de se rendre compte de l'état et de la nature des objets, aucune réclamation ne sera admise une fois l'adjudication prononcée.

Paris. — Imp. de l'Art, Ch. Berger, 41, rue de la Victoire.

DÉSIGNATION

TABLEAUX ET GRAVURES

1 — Billotte (L.-J.). Gracieux portrait de jeune fille en toilette noire décolletée, coiffée de bandeaux et accoudée près d'un vase de fleurs. Signé à gauche en bas et daté : *1847*.

2 — Greuze (D'après). La Malédiction paternelle.

3 — Gribelin (E.). Le Petit chien blanc.

4 — Jimenez (Louis). Les Balayeuses.

5 — Sain (Edouard). Portrait de jeune femme. Signé à droite en bas et daté : *1852*.

6 — Teniers (Genre de). Danses villageoises.— Intérieur de cabaret.

7 — Watteau (Genre de). La Réunion musicale.

8 — École flamande (XVIIIe siècle). Suite de huit grands panneaux décoratifs présentant des paysages animés de figures et de bestiaux, avec cours d'eau, châteaux, moulins et constructions diverses. — Haut. : 2 m. 55 ; largeurs : 1 m. 28, 1 m. 45, 1 m. 50, 1 m. 55, 2 m. 25, 2 m. 35, 2 m. 40 et 2 m. 50.

9 — École flamande. La Ferme.

10 — École hollandaise. Les Toits de chaume.

11 — École française. Portrait de femme en perruque poudrée et robe bleue décolletée. Pastel.

12 — Inconnu. Fruits, coupe et perroquet perché.

13 — Inconnu. Sujets tirés de l'Histoire romaine. Deux dessins rehaussés de gouache et de lavis se faisant pendants. Cadres-médaillons dorés à perles.

14 — Inconnu. Saint-Pierre de Rome. Grand dessin aquarellé, animé de nombreux personnages.

15 — Les Bulles de savon. Gravure, d'après Chardin.

16 — La Bonne éducation. Gravure, d'après CHARDIN.

17 — La Mère laborieuse. Gravure, d'après CHARDIN.

18 — La Fillette aux cerises. Gravure, d'après CHARDIN.

19 — Le Château de cartes. Gravure, d'après CHARDIN, par AVELINE.

20 — Le Lacet raccourci. Gravure, d'après CHARDIN, par DENY.

21 — La Main-chaude. Gravure, d'après HAMILTON, par SAINDER.

22 — Attaque de troupes légères. Gravure, d'a- WOUVERMANS, par LE BAS.

23 — Le Petit Prédicateur. — Dites donc, s'il vous plaît. Deux gravures se faisant pendants, d'après FRAGONARD, par DE LAUNAY.

24 — The Merry wives of Windsor. Gravure, d'après GARDNER.

25 — Children in the Wood. Gravure, d'après REYNOLDS.

26 — Le Repos champêtre. Gravure, d'après WATTEAU.

27 — Portrait de Mignard. Gravure, d'après RIGAUD, par SMIDT.

28 — La Malheureuse famille Calas. Gravure, d'après CARMONTELL, par DELAFOSSE.

29 — Charles Ier d'Angleterre et sa famille. Gravure, d'après VAN DYCK, par MASSARD.

30 — A Visit to the child at nurse. — A Lady and children relieving. Deux gravures, d'après MORLAND. (Retirages.)

31 — A Visit to the child at nurse. Gravure en couleurs, d'après MORLAND. (Retirage.) Cadre à palmes.

32 — Vénus et les amours. Gravure en couleurs, d'après SHALL, par LE GRAND.

33 — Maria Cosway. — Mme Vigée-Lebrun. Deux gravures en couleurs se faisant pendants.

34 — Épisodes de la vie de Mlle de la Vallière. Suite de six gravures en couleurs.

35 — Vue des environs de Dantzig. Gravure en couleurs. Cadre en bois sculpté.

36 — Le Bas-bleu. — La Ménagère. — Robert-Macaire. — Le Saltimbanque. Quatre gravures en couleurs, d'après GAVARNI.

37 — Lot d'environ quarante gravures anglaises en noir et en couleurs. Scènes de chasse, sujets équestres, grotesques, etc. (Sera divisé.)

38 — Lot de gravures. Environ vingt portraits d'hommes, d'après PESNE, TORTEBAT, MATHIEU, DROUAIS, COCHIN, RIGAUD, VAN DYCK et autres.

39 — Lot de gravures anciennes, d'après ZUCCARELLI, BERGHEM, TENIERS et autres.

40 — Carton de gravures anciennes et modernes. (Sera divisé.)

41 — Lot de peintures, dessins et gravures. (Sera divisé.)

FAIENCES ET PORCELAINES

42 — Petit plat lobé en ancienne faïence de Rouen polychrome, à panier fleuri.

43 — Plat octogonal en même faïence et décor assorti.

44 — Assiette en ancienne faïence de Rouen, à décor bleu de fleurs au centre.

45 — Plat ovale en ancienne faïence de Rouen, à décors bleus.

46 — Plat rond, mêmes faïence et décors.

47 — Petite jardinière d'applique en ancienne faïence de Rouen, à décors polychromes de meubles et ustensiles divers.

48 — Bannette en ancienne faïence de Rouen polychrome, à lambrequins et panier fleuri.

49 — Trois plats ronds, un plat ovale et un pichet en ancienne faïence de Strasbourg.

50 — Plateau et neuf petits pots à crème en ancienne faïence de Strasbourg.

51 — Encrier en ancienne faïence de Strasbourg.

52 — Saucière à anses en ancienne faïence de Strasbourg.

53 — Trois assiettes en ancienne faïence de Strasbourg, décor au Chinois.

54 — Plat à pans en ancienne terre de l'Est.

55 — Deux assiettes en faïence de Nevers, à personnages.

56 — Plat ovale en ancienne faïence de Nevers, à rose au centre et entrelacs au pourtour.

57 — Plat ovale en ancienne faïence de Moustiers, à décor, en bleu, de personnages.

58 — Autre plat ovale, même faïence, à décor de grotesques en jaune.

59 — Deux assiettes en ancienne faïence de Moustiers, à décors bleus.

60 — Quatre assiettes en ancienne faïence de Marseille.

61 — Assiette à décor de roses, en ancienne faïence de Marseille.

62 — Jardinière d'applique en ancienne faïence du Midi, à fleurs et rinceaux jaunes.

63 — Plat à barbe en ancienne faïence du Midi.

64 — Cinq assiettes en ancienne faïence du Midi, à fleurs.

65 — Assiette en ancienne faïence de Delft, à décor bleu de rosace au centre.

66 — Deux autres, à décor rayonnant.

67 — Deux autres, à semis de bouquets, avec rinceaux au marli.

68 — Deux autres à fruits, oiseaux et balustrade; palmes au marli.

69 — Petit compotier en ancienne faïence de Delft, décoré de fleurs, en bleu, et percé de trous.

70 — Bouteille lobée à fleurs, en faïence genre Delft.

71 — Trois assiettes variées en ancienne faïence de Delft, à fleurs et motifs rayonnants.

72 — Deux vases de pharmacie en ancienne faïence italienne, à décors jaunes sur fond bleu et réserves de bustes.

73 — Trois plaques de revêtement en faïence italienne.

74 — Deux petits vases en ancienne faïence de Rhodes.

75 — Cinq carreaux en faïence de Rhodes.

76 — Deux assiettes en faïence, de l'époque révolutionnaire.

77 — Encrier en ancienne faïence, à décors de roses.

78 — Corbeille en faïence décorée de roses et bords ajourés.

79 — Pot à moutarde, petit poêlon et porte-huilier en faïence blanche à dorures.

80 — Paire de flambeaux en faïence fine, à cannelures obliques.

81 — Pichet en ancienne porcelaine de Chine à fleurs, branchages, insectes et oiseaux.

82 — Assiette en ancienne porcelaine de Chine, à branchages et oiseaux.

83 — Assiette en ancienne porcelaine de Chine, à fleurettes et bordure verte.

84 — Trois tasses et trois soucoupes en ancienne porcelaine de Chine, à décors variés de personnages et fleurs.

85 — Bouteille en ancienne porcelaine de Chine, à décors bleus.

86 — Autre en ancienne porcelaine du Japon polychrome.

87 — Tasse et soucoupe en ancienne porcelaine de Vienne, à fleurs et dorures.

88 — Petit flacon couvert en porcelaine de Berlin.

89 — Compotier en ancienne porcelaine de Furstenberg, à paysage et réserves de fleurs.

90 — Lot de six tasses avec leurs soucoupes en porcelaine de Saxe-Marcolini, à fleurs. (Sera divisé.)

91 — Cinq assiettes en ancienne porcelaine de Paris, à fleurettes et guirlandes dorées.

92 — Six tasses et leurs soucoupes en porcelaine de deux couleurs, à dorures et réserves de coq et devises. Epoque Restauration.

BRONZE

MÉTAL, BOIS SCULPTÉ

93 — Statuette en bronze : le Violoniste.

94 — Statuette en bronze du Chevalier Bayard.

95 — Statuette en bronze : Violette, par MARCHAND.

96 — Buste en bronze: la Source, par CAUSSÉ.

97 — Figurine en bronze de cheval au repos, par BARYE.

98 — Groupe en bronze : Lecture défendue, par CAMPAGNE.

99 — Baromètre de style Louis XV, en bronze doré.

100 — Paire d'appliques à trois lumières en bronze ciselé et doré de style Louis XIV, ornées de mascarons d'amours.

101 — Mortier en ancien bronze.

102 — Encrier en bronze à deux récipients. Style gothique.

103 — Encrier en bronze surmonté d'un serpent.

104 — Petit bougeoir en verre opalin et bronze doré.

105 — Deux candélabres Empire, en métal, à deux lumières, décorés de cannelures, rinceaux et palmettes.

106 — Petite jardinière en métal argenté, à lions ailés.

107 — Ancienne lampe d'église en cuivre verni, à écussons, palmes et têtes d'anges.

108 — Ancienne croix processionnelle en cuivre repoussé, à personnages, animaux et fleurs.

109 — Baiser de paix en cuivre ciselé. XVe siècle.

110 — Ancien ciboire en cuivre gravé.

111 — Ancienne chaufferette en cuivre.

112 — Paire de flambeaux Louis XIII en cuivre.

113 — Pendule religieuse en bois noir, orné d'applications en cuivre ciselé; cadran en cuivre.

114 — Ancien coffre en bois sculpté et partiellement doré, à décor de feuillages, personnages et animaux.

115 — Statuette d'ange en bois sculpté.

116 — Deux statuettes et un buste en bois sculpté et peint.

117 — Ancien rouet en bois sculpté.

118 — Deux portes d'armoire Louis XV en bois naturel sculpté.

119 — Cinq panneaux en bois sculpté, de style gothique.

120 — Glace Louis XVI, à cadre sculpté orné de guirlandes, et surmontée d'un vase.

121 — Petite glace à cadre doré et sculpté. Epoque Louis XIV.

ÉTAIN, VERRERIE

DENTELLES, OBJETS DE VITRINE

ET DIVERS

122 — Statue de femme drapée à mi-taille, coiffée d'un diadème et courant; ancienne terre cuite.

123 — Deux grands bustes, en plâtre, d'hommes à perruques. (Surmoulages.)

124 — Bol et pot en grès émaillé jaune.

125 — Grand émail peint encadré : les Noces de Psyché.

126 — Deux lampes en ancien émail cloisonné de Chine, préparées pour l'électricité ; monture en bronze laqué de *Gagneau*.

127 — Deux candélabres à cinq lumières en marqueterie de cuivre sur écaille et ornés de bronze ciselés. Époque Louis XIV.

128 — Flambeau et deux bras-appliques en ancien fer forgé.

129 — Samovar en ancien étain, décoré au vernis d'un paysage en médaillon sur fond noir; plateau en cuivre.

130 — Autre samovar en étain laqué, à étoiles d'or sur fond rouge ; plateau triangulaire en cuivre.

131 — Petit plateau, assiette creuse et petit plat ovale en ancien étain.

132 — Pichet en ancien étain.

133 — Légumier en étain, à guirlandes et pomme de pin.

134 — Petite buire en étain.

135 — Coffret en acajou cerclé de cuivre, formant pupitre à l'intérieur et muni d'un tiroir latéral. Époque Empire.

136 — Cave à liqueurs en forme de petite commode; bois d'acajou à filets cuivre et colonnettes.

137 — Cave à liqueurs en cristal et bois noir, ornée de bronzes ciselés et dorés, à cariatides de femmes.

1[illegible] — Service de verrerie composé de : six verres à bordeaux, six à madère, six à vin du Rhin, six flûtes à champagne et six verres à liqueurs en cristal orné de dorures.

139 — Douze autres petits verres à liqueurs, assortis.

140 — Quatre carafes en cristal partiellement doré.

141 — Deux grands verres à pied couverts, en cristal taillé, ornés de dorures à sujets de chasse.

142 — Gracieux petit coffret en écaille blonde, orné d'incrustations d'argent, à médaillon, cariatides, arabesques et guirlandes.

143 — Petite boîte à mouches en bronze ciselé et doré.

144 — Éventail à feuille décorée de sujets mythologiques ; monture en nacre ajourée et partiellement dorée.

145 — Petit éventail à paillettes, de style Empire.

146 — Petit couteau en nacre et cuivre, muni de deux lames, dont une en argent. XVIIIe siècle.

147 — Deux anciennes petites balances et leurs poids.

148 — Ancien jeu de cartes, à têtes et sujets divers.

149 — Coupon d'environ un mètre soixante-dix Valenciennes.

150 — Coupon d'environ un mètre soixante Valenciennes.

151 — Coupon d'environ un mètre vingt-cinq Valenciennes.

152 — Barbe en Valenciennes.

153 — Deux autres barbes en Valenciennes.

154 — Bande de soie brochée à fleurs. Époque Louis XV.

155 — Petit coussin à broderie d'or et de soie de couleur, sur fond vieux rose.

MEUBLES & SIÈGES

PIANOS

156 — Commode en marqueterie de bois de rose, munie d'entrées de serrures et de poignées en bronze ciselé. Époque Louis XVI.

157 — Commode à trois rangs de tiroirs en amaranthe et ébène filetée et cerclée de cuivre ; ornements de poignées et entrées de serrures en bronze ciselé. Époque Louis XIII.

158 — Secrétaire en acajou moulurés de cuivre, muni d'un abattant, d'un tiroir et de deux portes, et couvert d'un marbre blanc à galerie de cuivre. Époque Louis XVI.

159 — Table-bureau à trois tiroirs, en acajou, ceinturée d'une moulure en cuivre et ornée de bagues, anneaux et sabots en bronze. Époque Louis XVI.

160 — Table-bureau à deux tiroirs en acajou mouluré de cuivre ; dessus en cuir. Epoque Louis XVI.

161 — Petite table-bureau en acajou, à pieds carrés, munie d'un tiroir et de deux tirettes, et couverte de cuir. Époque Louis XVI.

162 — Table-bureau Henri II en chêne sculpté, à colonnettes d'entrejambes.

163 — Table à jeu en bois de placage à damiers. Époque Louis XVI.

164 — Table à jeu en acajou à pieds carrés. Commencement du XIXe siècle.

165 — Guéridon Louis XVI à quatre volets, en acajou, posant sur pieds carrés à cannelures.

166 — Petit guéridon circulaire en acajou, posant sur tige centrale à cannelures et trépied. Époque Louis XVI.

167 — Paire de consoles, de style Louis XIV, en bois sculpté et doré à mascarons et présentant sur la tablette d'entrejambes une statuette de Renommée ; dessus en marbre blanc veiné.

168 — Étagère étroite Louis XVI, munie de six tablettes, en bois de rose marqueté.

169 — Deux pieds-supports Louis XVI en bois d'acajou sculpté à cannelures et rosaces.

170 — Écran en bois naturel sculpté, à rocailles et fleurs.

171 — Pupitre à musique en acajou.

172 — Piano à queue de *Pleyel.*

173 — Piano droit de *Baron.*

174 — Chaise-longue de style Louis XVI, en bois doré, à dossier canné, et couverte de soierie à fleurettes. *Maison Mati.*

175 — Sept chaises Louis XVI en noyer sculpté, dossiers à palmes et pieds cannelés, couvertes d'étoffe de fantaisie.

176 — Chaise en bois sculpté, dossier à fleurs de lys.

177 — Chaise en bois naturel sculpté, à dossier-lyre et pieds cannelés, couverte en soie jaune.

178 — Objets omis.

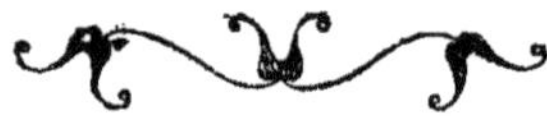

www.ingramcontent.com/pod-product-compliance
Ingram Content Group UK Ltd.
Pitfield, Milton Keynes, MK11 3LW, UK
UKHW020537180726
13839UKWH00006B/2570